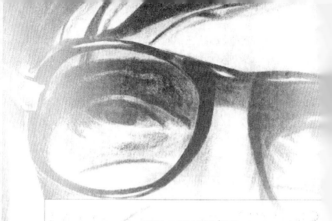

FICHA CATALOGRÁFICA

(Preparada na Editora)

Xavier, Francisco Cândido, 1910-2002.

X19s   Servidores no Além/
Francisco Cândido Xavier,
Espíritos Diversos. Prefácio de Emmanuel
Araras, SP, 2ª edição, IDE, 2009.

128 p.: il.

ISBN 978-85-7341-457-8

1. Espiritismo
2. Psicografia-Mensagens
I. Espíritos Diversos II. Título.

CDD-133.9
-133.91

Índices para catálogo sistemático:
1. Espiritismo 133.9
2. Psicografia: Mensagens: Espiritismo 133.91

MENSAGENS PARA SEU DIA

CHICO XAVIER

SERVIDORES NO ALÉM

ESPÍRITOS
ANDRÉ LUIZ
EMMANUEL
BEZERRA DE MENEZES
MEIMEI
CORNÉLIO PIRES
OLAVO BILAC
NARCISA AMÁLIA
CRUZ E SOUZA
IVETA RIBEIRO
AMARAL ORNELLAS
NATANAEL
CÁRMEN CINIRA
BITTENCOURT SAMPAIO

ide

ISBN 978-85-7341-457-8

2ª edição - agosto/2009
2ª reimpressão - julho/2016
2.000 exemplares
(19.501 a 21.500)

Copyright © 1985,
Instituto de Difusão Espírita - IDE

Conselho Editorial:
Hércio Marcos Cintra Arantes
Doralice Scanavini Volk
Wilson Frungilo Júnior

Projeto Editorial: *Jairo Lorenzetti*

Revisão de texto: *Mariana Frungilo*

Capa e Diagramação:
César França de Oliveira

INSTITUTO DE DIFUSÃO ESPÍRITA - IDE

Av. Otto Barreto, 1067 - Cx. Postal 110
CEP 13600-970 - Araras/SP - Brasil
Fone (19) 3543-2400
CNPJ 44.220.101/0001-43
Inscrição Estadual 182.010.405.118

www.ideeditora.com.br
editorial@ideeditora.com.br

Todos os direitos reservados. Nenhuma parte desta publicação pode ser reproduzida, armazenada ou transmitida, total ou parcialmente, por quaisquer métodos ou processos, sem autorização do detentor do copyright.

MENSAGENS PARA SEU DIA

CHICO XAVIER

SERVIDORES NO ALÉM

SUMÁRIO

Servidores no Além, Emmanuel 9

1 - Onde o remédio?, Emmanuel 13

2 - Nos labores mediúnicos, Emmanuel 17

3 - Na edificação da fé, Emmanuel 21

4 - Entre as falsas vozes, Emmanuel 25

5 - Questão de valor, Emmanuel 29

6 - Acende a luz, André Luiz 31

7 - No serviço redentor, Emmanuel 33

8 - Nas obras da assistência social, Emmanuel 37

9 - A chama divina, Olavo Bilac 41

10 - Redenção, Cruz e Souza 45

11 - Aula viva, Narcisa Amália 47

12 - Mensagem, Bezerra de Menezes 53

13 - Sombras não, Iveta Ribeiro 55

14 - Século XX, Amaral Ornellas 57

15 - Orientação mediúnica, Natanael 31

16 - Em plena alvorada, Cármen Cinira 67

17 - Às filhas da Terra, Bittencourt Sampaio ... 71

18 - Acendamos a luz da vida, Emmanuel . 77

19 - Felicidade, Emmanuel 79

20 - Estudos da vida, Espíritos Diversos 87

21 - Na romagem do mundo, Meimei 95

22 - Disciplina da caridade, Emmanuel .. 101

23 - Na prova de fé, Cornélio Pires 109

SERVIDORES NO ALÉM

SERVIDORES NO ALÉM

Amigo leitor.

Muitos companheiros nos escrevem, indagando sobre os processos de vivência nas comunidades espirituais ligadas à Terra.

Percebemos, nesses amáveis missivistas, o desejo de algo saber acerca da higiene e assuntos outros, entre os nossos semelhantes, logo após a desencarnação do corpo terrestre.

Imaginemos uma grande cidade

ou um conjunto colossal de moradias, todas dedicadas à recuperação gradativa dos irmãos ainda vinculados à desencarnação recente, que procedem às dezenas do mundo físico, diariamente, a esses domínios que nos habituamos a designar com o nome de "colônias espirituais."

Os companheiros que voltam do mundo físico à convivência dos irmãos desencarnados serão, todos eles, portadores de pensamentos e propósitos iguais?

Como aceitar uma enormidade dessas, quando, na própria Terra, enxameiam os justos e os injustos, os bons e os maus, os ignorantes e os cultos, os ponderados e os imprudentes, misturados uns com os outros, buscando as trilhas da evolução?

E os problemas dos hábitos?

Os bebuns se acomodam facilmente nessas regiões inferiores, corrigindo-se, quanto aos anseios de absorção dos líquidos que lhes entontecem a mente; e os viciados na poligamia, em nome do amor, terão esquecido, de momento para outro, as emoções que preferem?

Claro que não.

Tempo, tratamento e reeducação, surgem por forças inevitáveis do reajustamento espiritual, na base da paciência e do estímulo, da consolação e do amor.

O remédio, em doses inadequadas, prejudica o doente ao invés de auxiliá-lo.

É assim que, nas proximidades das lides humanas, temos as turmas dos servidores voluntários da higiene, da limpeza no serviço público e do socorro. Enfim, tudo nas bases da lógica, nas escolas de regeneração, do esclarecimento pacífico e do amparo espiritual.

Este livro é um conjunto de páginas referentes aos ensinos administrados pelos instrutores a que nos referimos, a benefício dos desencarnados infelizes e de todos nós, os aprendizes que lhes admiram a cultura, conhecendo com os amigos da atualidade terrestre que os "pensamentos são cousas ou formas" e que todo objeto de uso humano é um núcleo de vibrações condensadas para certos fins.

A morte do veículo físico não transforma a ninguém, instantaneamente, e sim, passo a passo e esforço a esforço, distinguindo-se nesse trabalho os espíritos mais diligentes e os mais devotados ao aperfeiçoamento individual.

Neste livro simples se alinham muitos dos lembretes e ensinamentos dos amigos espirituais e, pensando no valor destas lições, dispensamo-nos de maiores comentários, confiando na interpretação dos companheiros que já possuem "olhos de ver" e "ouvidos de ouvir."

Emmanuel

ONDE O REMÉDIO?

1

ONDE O REMÉDIO?

Meus amigos, muita paz.

Se a noite é das crianças, eu também quero fazer-me pequenino, dentro da humildade de minha posição espiritual e, de coração genuflexo com o vosso, elevo o pensamento sincero ao Senhor do Trabalho e da Seara, suplicando-Lhe Bênçãos Divinas para o vosso esforço,

Bênçãos essas que muito particularmente desejo aos nossos irmãos que vieram de longe, trazendo aos companheiros da causa da Verdade e da Luz, a palavra da fraternidade e do amor.

Enquanto as ruinarias vão povoando o planeta, vítima dos mais sérios desequilíbrios dentro da crise ideológica e moral que há muito tempo lhe trabalha o imenso organismo social e político, estais aqui no labor educativo, o caminho primário do reerguimento humano, a estrada primordial da regeneração da vida terrestre, ansiosa de atingir as elevadas finalidades do seu alto destino.

Os vossos tempos refletem amargamente a angústia coletiva de todos os povos, em face dessa aluvião de escombros que prenuncia terrível para os anos próximos, como corolário de desvios e de antagonismos irreconciliáveis, tão somente criados pela mentalidade humana, dentro de seu abuso de liberdade.

Dores amargas se anunciam nesse paiol de abundância e de superprodução, que a inteligência da humanidade criou para a sua vida. E a verdade é que as facilidades da civilização deveriam constituir um índice soberbo de aproveitamento espiritual por parte das criaturas detentoras dos mais notáveis progressos científicos nos tempos modernos.

Entretanto, os penosos acontecimentos que se verificam nestes dias de confusão, de angustiosa expectativa, bem demonstram o contrário.

O homem da estratosfera e das profundidades submarinas; o homem da mecânica e da eletricidade, da genética e da biologia, da física e da química, da filosofia e das religiões, em voltando para dentro de si, vem encontrando a sua mentalidade obscura de há dois milênios.

É esse fenômeno de antagonismo evidente entre o homem físico e o homem moral a causa da subversão de todos os valores morais que vindes constatando.

Onde o remédio? Todos os pensadores se reúnem para comentar a necessidade dos tempos. Os políticos convocam ministérios e gabinetes; os filósofos aventam teorias novas em sociologia, mas a verdade é que os cataclismos caminham no ar, sem que os poderes humanos consigam determinar-lhes a marcha.

Todos os corações sentem que

existe algo para acontecer; aguardam, angustiados, uma novidade nos ares, como se sombrios vaticínios pesassem sobre a sua vida de relação, e a realidade é que nem os políticos e nem os filósofos, nem os economistas e nem os sociólogos podem dirimir as profecias singulares e dolorosas, impossibilitados de recurso, desconhecendo o remédio necessário à paz coletiva e à prosperidade mundial.

Mas uma corrente de lutadores batalha hoje na vanguarda dos tempos. Vive desprotegida de todo amparo oficial da política administrativa, não se veste com as penas de pavão do cientificismo do século.

O tóxico do intelectualismo com todos os seus excessos perniciosos não lhe é familiar.

Os trabalhadores são humildes.

Assemelham-se àqueles homens desprezados que construíram com os seus martírios e com as suas lágrimas as bases augustas do Cristianismo na civilização do Ocidente.

Não têm títulos, nem prerrogativas e nem sinais particularizados, mas de seus corações e de suas palavras, dimana a lição preciosa d'Aquele que reenvia ao mundo os seus verbos luminosos.

São os trabalhadores do Espiritismo que, de fato, começam pelo princípio, isto é, pela educação, único meio eficaz e seguro da realização almejada.

Educação no Evangelho Redivivo, na disseminação de verdades santas, que as igrejas sectaristas abafaram por mais de um milênio, no silêncio frio dos seus calabouços, calando interesses inconfessáveis.

É verdade que essa falange de operários não poderá modificar a face do mundo de um dia para outro. Não poderão, esses servos da última hora, afastar do espírito coletivo das multidões delinquentes, o quadro nefasto da guerra e do extermínio, criado pela sua ambição e pelo seu despotismo, longe daquele Reino de Deus que se constitui de Sua Justiça.

A dor há de vir realizar a obra que não foi possível ao amor edificar por si mesmo. Todavia, o futuro está cheio daquela luz misericordiosa que promana do Alto para todos os corações da nova geração, dentro desse generoso labor do Espiritismo Cristão, na pedagogia renovada à luz do Evangelho do

Senhor e, dentro dessas edificações novas e sublimes, poder-se-á esperar o homem de amanhã que, consciente do seu dever e da sua obrigação divina, possuirá a Terra e o Céu com os seus Infinitos Tesouros.

Prossegui em vosso esforço, e que a paz de Jesus possa radicar-se em vosso íntimo, proporcionando-vos mais belas edificações espirituais é o que vos deseja o irmão e servo humilde.

Emmanuel

NOS LABORES MEDIÚNICOS

2

NOS LABORES MEDIÚNICOS

O apostolado mediúnico, dentro das atividades do Espiritismo, constitui sempre um sinônimo de renúncia pessoal e de profunda abnegação pela causa da verdade e da luz sobre a Terra, e, de fato, um dos problemas de mais difícil solução, nos ambientes da Doutrina, tem sido o do adestramento dos aparelhos mediúnicos, a fim de que tenham a precisa consciência do cumprimento dos seus sagrados deveres.

Não são poucos os que preconizam a organização de sociedades protetoras dos médiuns com a finalidade de ampará-los materialmente nas lutas da vida, evitando-lhes os percalços e as dificuldades na conquista laboriosa do pão de cada dia, presumindo-se, em semelhante medida, o amparo de suas produções.

Todavia, não acreditamos que providências dessa natureza venham solucionar a questão de um modo geral, considerando ainda que, de sua adaptação, resultariam largas possibilidades para a formação injustificável de classes privilegiadas, dentro da Doutrina, incompatíveis com os seus princípios mais rudimentares.

Cremos na grande contribuição espiritual das associações educativas dos médiuns, que os obrigassem ao estudo, à observação e ao trabalho de sua própria edificação moral e intelectual, mas seria isenção da luta e do sacrifício comum, onde cada criatura busca forjar, em si mesma, o aço do caráter e o ouro do coração. Está claro que nenhuma posição social colide com o exercício da mediunidade. Todos os estudiosos podem colaborar na grande tarefa. Mas, cada qual deve fornecer o seu esforço, no limite de suas possibilidades próprias, sem jamais ferir aquele sagrado preceito evangélico que nos manda "dar de graça o que de graça foi recebido."

Os espíritos esclarecidos, conscientes de sua posição e de sua situação no Mundo Espiritual, não pedem dos seus irmãos encarnados algo que venha exorbitar de suas possibilidades de trabalho, e, os médiuns, por sua vez, devem conhecer essas verdades, a fim de bem trabalhar na tarefa que lhes foi designada.

Uma certeza substancial deve prevalecer sempre em seus corações, no dia em que forem obrigados a escolher entre a luta penosa de cada dia pelo pão quotidiano e a mediunidade remunerada: a de que devem preferir a primeira com o absoluto abandono da segunda.

Nos tempos que passam, há necessidade dos Centros Espíritas compreenderem essas realidades, através dos seus diretores e dos seus associados.

Há necessidade de se amparar os

médiuns. Que esse amparo se verifique, através da tolerância e da compreensão de todos, acerca dos deveres e das obrigações de cada um.

E os médiuns, a seu turno, que tenham confiança nas suas faculdades, no grande labor da caridade evangélica, para o exercício da qual não existem graus mediúnicos.

Dentro dela, grandes fatos e verdadeiros prodígios se verificaram pela intuição pura. Para o cumprimento desse sublime dever, não existem horas privilegiadas e nem lugares escolhidos.

O que é preciso é não confundir

nunca a caridade com a experimentação.

Na primeira, prepondera a misericórdia do Senhor, derramando-se por toda a parte. Na segunda, é o desejo de alguém que não sabe se merece o que pede.

Aí reside a grande diferença que requer de todos nós a mais severa vigilância.

Os espiritualistas sinceros devem amparar o mais possível todos aqueles que trouxeram a tarefa mediúnica a desempenhar, mas nunca se esqueçam de que a proteção mais importante que lhes cabe dispensar é precisamente a da compreensão no trabalho dos médiuns, procurando harmonizá-los com todas as circunstâncias que os envolvem, isentos de preocupações inferiores e que os médiuns busquem na oração e na vigilância, com o Divino Mestre, os melhores e mais fortes auxílios e, indiferentes ao veneno de uma calúnia ou à equimose de uma pedrada, que ouçam, antes de tudo, as vozes de suas próprias consciências, no sagrado cumprimento do seu grande dever.

Emmanuel

3

NA EDIFICAÇÃO DA FÉ

Ninguém edificará o santuário da fé no coração, sem associar-se, com toda alma, naquilo que é de belo e de superior dentro da vida.

Para alcançar, porém, a divina construção, não nos bastam os primores intelectuais, a eloquência preciosa, o êxtase contemplativo ou a desenvoltura dos cálculos no campo da inteligência.

Grandes gênios do raciocínio são, por vezes, demônios da miséria e da morte.

Admiráveis doutrinadores, em muitas ocasiões, são vitrines de palavras brilhantes e vazias.

Muitos adoradores da Divindade, frequentemente mergulham-se na preguiça a pretexto de cultuar a Glória Celeste.

Famosos matemáticos, não raro, são símbolos de sagacidade e exploração inferior.

Amemos o trabalho que a Eterna Sabedoria nos conferiu, onde nos situamos, afeiçoando-nos à sua execução sempre mais nobre, cada dia, e seremos premiados pela grande compreensão, matriz abençoada de toda a confiança, de toda a serenidade e de todo o engrandecimento do espírito. Para penetrar os segredos da estatuária, o escultor repete os golpes do buril milhares de vezes.

Para produzir o vaso de que se

orgulhará em missão bem cumprida, o oleiro se demora infinitamente ao contato da argila.

Para expor as peças com que enriquecerá o conforto humano, o carpinteiro, de mil modos, recapitulará o aprimoramento do tronco bruto.

Não te queixes se a fé ainda te não coroa a razão.

Consagra-te aos pequeninos sacrifícios, na esfera de tuas diárias obrigações; à frente dos outros, cede de ti mesmo, exercita a bondade, inflama o otimismo por onde passes, planta a gentileza de teus sonhos, movimenta-te no ideal de sublimação que elegeste para alvo de teu destino...

Aprende a repetir para que te aperfeiçoes...

Não vale fixar indefinidamente as estrelas, amaldiçoando as trevas que ainda nos cercam.

Acendamos a vela humilde de nossa boa vontade, no chão de nossa pobreza individual, para que as sombras terrestres diminuam e o esplendor solar sintonizar-te-á com a nossa flama singela.

A tomada insignificante é o refletor da usina quando ligada aos seus poderosos padrões de força.

Confessemos Jesus em nossos atos de cada hora, renovando-nos com Ele e sofrendo felizes em seu roteiro de renunciação, auxiliando a todos e servindo, cada vez mais, em Seu Nome, e, de inesperado, reconheceremos nossa alma inundada por alegria indizível e por silenciosa luz...

É que o trabalho de comunhão com o Mestre terá realizado em nós a sua obra gloriosa, e a fé perfeita e divina, por tesouro inalienável, brilhará conosco, definitivamente incorporada à nossa vida e ao nosso coração.

Emmanuel

4

ENTRE AS FALSAS VOZES

Se a Preguiça te pede: – "Descansa!" – Responde-lhe com mais um pouco de esforço no trabalho que espera por teu concurso.

Se a Vaidade te afirma: – "Ninguém existe maior que tu!" – Retribui com a humildade, reconhecendo que a Vontade do Senhor impera sobre a nossa e que não passamos de meros servidores da vida, entre os irmãos de luta, onde estivermos.

Se o Orgulho te diz: – "Não cedas!" – Aprende a esquecer-te, auxiliando sempre.

Se o Ciúme exclama aos teus ouvidos: – "A posse é tua!" – Guarda silêncio em tua alma e procura entender que o amor e o bem são glórias do Céu extensivas a todos.

Se o Egoísmo te aconselha: – "Retém!" – Abre as tuas mãos e distribui o bem a todos os que te cercam.

Se a Revolta te assevera: – "Reage

e reivindica os teus direitos!" – Espera a Justiça Divina, trabalhando e servindo com mais elevada abnegação.

Se a Maldade te sugere: "Vinga-te!" – Considera que mais vale amparar sempre ao companheiro, quanto temos sido auxiliados por Jesus, a fim de que o amor fulgure em nossas vidas.

Os falsos profetas vivem nos recessos de nosso próprio ser. Surgem, cada dia, invariáveis, na forma da intriga ou da maledicência, da leviandade ou da indisciplina, induzindo-nos o coração a cerrar-se contra a nossa consciência.

Se aceitarmos Jesus em nosso

roteiro, ouçamos o que nos diz o Seu ensinamento e apliquemo-nos à prática de Suas lições Divinas.

Olvidemos as insinuações da ignorância e da treva, da crueldade ou da má fé que nos enrijecem o sentimento, e de coração unido à Vontade do Mestre, vendo a vida por Seus olhos e ouvindo os nossos irmãos por Seus ouvidos, estaremos realmente habilitados à posição de intérpretes do Seu Divino e Infinito amor, onde estivermos.

Emmanuel

5

QUESTÃO DE VALOR

Ninguém pode alegar insignificância ou desvalia para fugir aos deveres que lhe competem na obra de elevação do mundo.

A pedra quase impermeável serve aos alicerces.

A areia áspera é valioso elemento na construção.

O remédio amargo é instrumento da cura.

O mal de agora pode ser simplesmente um véu de sombra ocultando o bem de amanhã.

Há pessoas que se confessam inaptas ou imperfeitas para qualquer serviço do Evangelho, entretanto, apenas se esquecem de que a direção, entre os filhos da fé, não pertence à vontade humana.

O bloco de mármore perdido no

matagal é simples calhau sem valor, mas nas mãos do artista, é a fonte de que sairá a obra-prima.

Uma enxada ao abandono é traste inútil, mas nos braços do bom lavrador, é precioso instrumento do nosso pão.

O pântano em si é pestilência e ruína, mas se recebe a assistência do pomicultor, dá lugar a vegetais que nos enriquecem a vida.

Um fio de cobre perdido na via pública é resíduo destinado à lata de lixo, mas se for ligado entre a usina e a lâmpada, é o condutor imponente da luz e da energia que sustenta o progresso.

Se contarmos exclusivamente conosco, na realidade, somos meros átomos pensantes, mas se aceitarmos a direção de Jesus para a nossa vida, a nossa experiência será indubitavelmente rica de bênçãos do Divino Mestre.

Pelo nosso passado, somos simples sombras, mas se o nosso presente procura imantar-se com o Cristo, nossa bússola indicará os horizontes da verdadeira luz em nosso favor.

Não te consideres tão somente pelo que és. Vejamo-nos em companhia do Cristo para que o Cristo esteja em nós.

O zero à esquerda do número será sempre nada, mas à direita do algarismo, é valor substancial, em ascensão crescente para o Infinito.

Lembremo-nos de que Jesus é a Divina Unidade e situemos nossa existência à direita do Nosso Senhor e Mestre.

Emmanuel

6

ACENDE A LUZ

Ao longo do caminho em que jornadeias para diante, encontrarás a treva a cercar-te em todos os flancos.

Trevas da ignorância em forma de incompreensão, nevoeiros de ódio em forma de desespero, neblinas de impaciência em forma de lágrimas e sombras de loucura em forma de tentações sinistras.

Acende, porém, a luz da oração e caminha. A prece é claridade que te auxiliará a ver a amargura das vítimas do mal, as feridas dos que te ofendem sem perceber, as mágoas dos que te perseguem e a infelicidade dos que te caluniam.

Ora e segue adiante.

O horizonte é sempre mais nobre, e a estrada sempre mais sublime, desde que a oração permaneça em tua alma em forma de confiança e de luz.

André Luiz

7

NO SERVIÇO REDENTOR

A aflição pode ser o preço do resgate, o recurso da dor que reajusta, o remédio que corrige ou o choque de retorno que redime, mas se modificares a tua aflição de lugar, no campo do próprio espírito, de certo, será ela transformada em processo de tua gloriosa sublimação.

Aflige-te em pedir desculpas a quem ofendeste, e não terás um credor para o caminho de amanhã.

Aflige-te em auxiliar aos semelhantes, e não serás relegado ao abandono.

Aflige-te em cumprir os deveres que te competem no círculo doméstico, e não serás provado pelo desrespeito ou pela ironia dos corações que te circundam no ambiente familiar.

Aflige-te em procurar o bem, praticando-o com o teu coração, com a tua boca e com as tuas mãos, e o mal não te surpreenderá em seus laços escuros.

Aflige-te em dar, e o Senhor dar-te-á dos Seus Suprimentos de Amor Infinito, a benefício de ti mesmo.

Aflige-te em consertar e retificar o teu caminho nas horas de hoje, e a harmonia estará contigo no futuro.

Não te esqueças de que Jesus afligiu-se em redimir-nos e iluminar-nos e, por isso mesmo, além da Cruz, é a claridade dos séculos a convocar-nos, através do sacrifício, para a glória subli-me da ressurreição e do amor.

Emmanuel

NAS OBRAS DA
ASSISTÊNCIA SOCIAL

8

NAS OBRAS DA ASSISTÊNCIA SOCIAL

Não esperes ocasião favorável para a resposta aos apelos do bem.

Todo dia é tempo de semear...

Quantos se prendem à teia escura da desconfiança e do medo, perdendo as mais belas oportunidades de elevação!

Se já pudeste aprender que a Humanidade é a nossa família, levanta no centro da própria alma o primeiro santuário de teu ideal, erguido à extensão do Reino do Amor!

Oferece, em teu mundo íntimo, um companheiro aos deserdados, um amigo aos oprimidos, um pai aos órfãos, um irmão aos sofredores.

Não exijas do destino uma fortuna amoedada para que te convertas em trabalhador da grande renovação.

O ouro, sem caridade que o dirija, é moldura da avareza e do sofrimento.

A boa vontade ignora o bloco de cheques. A sinceridade não é artigo de oferta e procura.

A paz não se acumula nos bancos.

Não olvides que o trabalho é o único processo de aumentar a riqueza e nem te esqueças de que o serviço é o único recurso de capitalizar a simpatia e a cooperação.

Se abraçaste o Evangelho, recorda que o nome de Jesus está empenhado em nossas mãos.

E, com o Mestre da Cruz, toda a visão do caminho se modifica. Onde a ignorância espalhou males incontáveis, observarás o teu campo de ação e, onde a miséria plantou espinheiros e lágrimas, encontrarás o teu ensejo sublime de auxiliar, valorosamente.

Com Cristo, a expectação não encontra lugar.

Junto d'Ele, toda dúvida é perda de tempo.

À frente do Senhor, toda queixa é descabida.

No Evangelho, não existem "terras de ninguém".

Nele, só uma recomendação prevalece: – "amar sempre, aprender sem repouso e servir sem distinção".

Quando uma centésima parte do cristianismo, de nossos lábios, conseguir expressar-se em nossos atos de cada dia, a Terra será plenamente libertada de todo mal.

Em razão disso, traze tu mesmo à edificação da bondade e da luz não somente a tua palavra e a tua bolsa, mas, acima de tudo, a tua fé e o teu coração.

Lembra-te que a redenção do mundo principiou, não na queda do orgulho político e racial do Império Romano, mas no amor, na humildade, no serviço e na coragem de Jesus, o nosso Divino Mestre e Senhor.

Traze tua alma às tarefas do bem e estarás fazendo o melhor.

Não te encarceres nas impressões de ontem e nem te amedrontes à frente do amanhã.

Hoje é o nosso dia de começar.

Emmanuel

9

A CHAMA DIVINA

Na escuridão hostil da primeira caverna,
Enquanto o homem larval grita, sonha e
[tateia,
Deus acende na furna humílima candeia
Sobre simples sinais da natureza externa.

A princípio é clarão de pálida lanterna,
Frágil, treme, vacila, ondula e bruxuleia,
Depois, é tocha imensa a crepitar sem peia,
Descortinando ao mundo a Majestade
[Eterna!

Facho excelso e imortal, desde então
[fez-se guia
Da civilização que fulge e se irradia
Em sublime esplendor, flamífero e
[disperso...

E essa Chama Divina é o Livro soberano,
Hífen de sol, ligando o entendimento
[Humano
À grandeza da Vida e à Glória do Universo.

Olavo Bilac

10

REDENÇÃO

Bendize a cruz de pranto que te oprime
O coração cansado!... Sofre e chora!...
Suporta a noite, contemplando a aurora
A resplender não longe em paz sublime...

Nenhuma provação te desanime!...
Inda que o mal te espanque e humilhe...
                                    [Embora
Os temporais de fel, a cada hora,
Agradece a aflição que nos redime!...

Bendize o doloroso itinerário,
Os espinhos e pedras do calvário
Sob o lenho de dor que te governa...

Serve, perdoa e crê, ante o futuro!...
Somente a luz do amor constante e puro
Abre os caminhos para a Vida Eterna!...

Cruz e Souza

AULA VIVA

11

AULA VIVA

Contemplo-te, roseira, em vagas de
[perfume...
A exaltação da cor resplandece e domina...
Pétalas de rubis na touca esmeraldina,
Toda a beleza em ti como que se resume!...

Surge o Homem, porém... Lâmina em
[fino gume,
Decepa a veste em luz que te guarda e
[acetina...
Relegada à nudez, mutilada e mofina,
Suporta na raiz nova carga de estrume!...

No entanto, estranha ao lodo e aos
podões agressores,
Recobres-te de verde e lanças novas flores,
Leal à vida em si que te nutre e socorre!...

Alma, fita a roseira humilde, atenta e boa,
Embora o fel do mundo, ama, serve,
[abençoa
E encontrarás com Deus o amor que
[nunca morre.

Narcisa Amália

12

MENSAGEM

Filhos, o Senhor nos abençoe.

Reunidos à luz da prece, agradecemos ao Senhor as alegrias recebidas e suplicamos novo amparo, a fim de que se nos refaçam as energias para o dever a cumprir.

Estamos reunidos – repetimos – e cada um de nós se caracteriza por mensageiro de problemas determinados perante o Senhor. Entretanto, ser-nos-á útil, decerto, comparar-nos a problemas diversos para Ele mesmo, o Eterno Amigo, que nos tutelou, perante a Divina Bondade, considerando-nos os destinos perante a Imortalidade.

E, nessa condição, ouçamos a voz da nossa própria Doutrina, através da mensagem de amor que ela irradia com o fim de entendermos o amor como sendo a chave de solução para todos os enigmas que nos desafiam a alma nas trilhas da evolução.

E é nesse amor a expressar-se, como sendo a caridade em ação, que surpreenderemos o Grande Caminho.

Toda vez, filhos, em que se nos apresente a necessidade alheia, eis aí, para nós, a oportunidade e a lição, a luz e a bênção.

Semelhante necessidade se pluraliza de modos múltiplos. É a injúria que nos visita a pedir-nos compreensão e bondade; é a sombra da incompreensão a exigir-nos entendimento e fraternidade; é a dor a solicitar-nos socorro e lenimento; é a lágrima a reclamar-nos consolo e esperança; é a penúria a esperar de nós braços socorredores que lhe atenue os padecimentos.

Reconheçamo-nos, dessa forma, na condição de companheiros do Cristo, que anseia agir por nossas mãos e ver com os nossos olhos, abençoar com a nossa voz e amparar com o nosso discernimento na construção do Reino do Amor e Luz a que fomos trazidos, não só para teorizar e aguardar, mas também para renovar e fazer, elevar e construir.

Tudo, pois, queridos filhos, que pudermos realizar, condensa-se na conjugação ativa do verbo servir.

E servindo, encontraremos a solução para todas as nossas lutas e a resposta para todas as nossas indagações.

Edifiquemos o bem, e o bem se nos levantará na existência em abrigo capaz de resguardar-nos contra todas as vicissitudes da vida.

Comecemos, assim, de nossos

próprios lares e de nossas próprias ins-
tituições, em cujas tarefas somos soli-
citados aos mais difíceis testemunhos
do Evangelho vivo e ativo, em cujo
clima, por fim, conseguiremos o Co-
nhecimento Melhor para a conquista
da Vida Maior.

Se nos é possível, desse modo,
algo dizer-vos, tomamos a liberdade
de repetir-vos:

— Filhos, amemo-nos como o
Senhor nos amou e todos os nossos
problemas serão resolvidos para que a
felicidade nos tome finalmente à sua

própria conta, investindo-nos na posse da Vida Eterna.

Conosco seja a paz do Senhor, hoje e sempre.

Bezerra de Menezes

13

SOMBRAS NÃO

Não anotes na estrada
A pedra que te magoa,
Nem acalentes cicatrizes,
Detém-te a recordar na caminhada
O Sol que te abençoa
E os encontros felizes.

Não contes no jardim dos próprios sonhos
Os espinhos da prova,
Se a sombra da tristeza ainda te alcança,
Lembra os dias risonhos
No ideal que te ampara e te renova
Em celeste esperança...

Não apontes brejais, esquecendo, de todo,
A tentação que arrasa, a injúria que
                                    [devora,
Nos pântanos que viste,
Soma as flores colhidas sobre o lodo,
Que te induzam a ver, jornada afora,
A grandeza de tudo quanto existe!...

Enumera no tempo, a transformar-te,
Os dons do amor na imperfeição vencida
Os tesouros do bem que te conduz...
E encontrarás Deus, em toda parte,
A burilar-te o ser para a glória da vida
Arrancando-te à treva e impelindo-te à
[Luz!...

Iveta Ribeiro

SÉCULO XX

14

SÉCULO XX

Ante o século XX, em que a vida
[proclama
A vitória solar do cérebro sublime,
Alastram-se no mundo a santidade e o
[crime,
A glória senhoril e a decadência em lama.

Alteia-se no Espaço a inteligência em
[chama,
Enquanto, a pleno chão, em lágrimas se
[exprime
O espírito sem fé a que se acolha ou
[arrime,
Entre a aflição que o fere e a luta que o
[reclama...

Qual estrela, porém, sobre o estranho
[conflito
Refulge o Espiritismo – a fonte do
[Infinito –
A verter, sem que o lodo a tisne ou
[sobrenade!

A grandeza do Céu volve a falar de novo...
É Jesus que retorna ao coração do povo,
Para erguer sobre a Terra a Nova
[Humanidade.

Amaral Ornellas

ORIENTAÇÃO
MEDIÚNICA

15

ORIENTAÇÃO MEDIÚNICA

Para desenvolver – aprender.

Para aprender – trabalhar.

Para trabalhar – confiar.

Para confiar – servir.

Para servir – esperar.

Para esperar – compreender.

Para compreender – auxiliar.

Para auxiliar – renunciar.

Para renunciar – sacrificar-se.

Para sacrificar-se – esquecer-se.

Para esquecer-se – iluminar-se.

Para iluminar-se – amar com Jesus, hoje e sempre.

Natanael

EM PLENA ALVORADA

16

EM PLENA ALVORADA

Mocidade cristã,
Abre os braços à glória da manhã,
Na sublimada fé que te conduz.
Ara a terra da vida, enquanto é cedo,
Decifrando o segredo
Da verdade e da luz.

Mãos no trabalho milagroso e santo,
Faze ouvir o teu canto
Belo e primaveril
Do Grande Entendimento claro e novo,
Ao sol de bênçãos mil.

A luta humana é luminoso prélio.
Corre em busca das láureas do Evangelho
Para o teu campo em flor...
Não te prendas à carne inquieta e escura,
Toda ilusão é sombra que procura
Desencanto e amargor.

Abre o teu peito a quem te bate à porta,
Esperando a bondade que conforta
No roteiro cristão.

Todo aquele que chora, longe ou perto,
De coração cansado e passo incerto,
Em qualquer parte, é sempre nosso irmão.

Juventude do bem que regenera,
Enquanto o mundo aguarda a nova era
Sob a noite do mal,
Ilumina com Cristo o chão da prova,
Estendendo os clarões da Boa Nova
Para a Vida Imortal!...

Cármen Cinira

ÀS FILHAS DA TERRA

17

ÀS FILHAS DA TERRA

Do Seu trono de luzes e de rosas,
A Rainha dos Anjos, meiga e pura,
Estende os braços para a desventura,
Que campeia nas sendas espinhosas.

Ela conhece as lágrimas penosas
E recebe a oração da alma insegura,
Inundando de amor e de ternura
As feridas cruéis e dolorosas.

Filhas da Terra, mães, irmãs, esposas,
No turbilhão dos homens e das cousas
Imitai-A na dor do vosso trilho!...

Não conserveis do mundo o brilho e as
[palmas,
E encontrareis no íntimo das almas,
A alegria do reino de Seu Filho!

Bittencourt Sampaio

ACENDAMOS A LUZ DA VIDA

18

ACENDAMOS A LUZ DA VIDA

"Ressuscitai os mortos" – disse-nos o Senhor – mas se é verdade que não podemos ordenar a um cadáver que se levante, é justo tentemos o reavivamento daqueles que nos acompanham, muitas vezes, mortificados pela dor ou necrosados pela indiferença.

Não nos esqueçamos.

Os verdadeiros mortos estão sepultados na carne terrestre.

Alguns permanecem no inferno do remorso ou do sofrimento criados por eles mesmos, acreditando-se relegados a supremo abandono; outros jazem no purgatório da aflição a que se arrojaram, desprevenidos, em dolorosas súplicas de auxílio; e ainda outros repousam, inadvertidamente, em supostos céus de adoração religiosa, que, em muitos casos, são simples faixas de ociosidade mental.

Aguçai a visão, e observemos

a infortunada caravana de fantasmas que seguem vacilantes e enganados dentro da vida.

Há quem morreu sufocado em orgulho vão, no mausoléu da vaidade infeliz.

Há quem permaneça cadaverizado em sepulcro de ouro, incapaz de um simples olhar à plena luz.

Há mortos que vos partilham o pão cotidiano, no túmulo das terríveis ilusões que lhes anulam a existência, e há corações paralíticos no catre da crueldade e da incompreensão que nos armam ciladas de angústia, a cada passo, para os quais se faz imprescindíve a assistência de nossa devoção fraterna infatigável.

Se Cristo penetrou o templo de vossa alma, auxiliemo-los na necessária ressurreição.

Acendamos a luz da vida.

Trabalhemos no bem, enriquecendo as horas da peregrinação terrena com os melhores testemunhos de nossa boa vontade para com os semelhantes, em nome do Mestre da Redenção, para quem o nosso espírito já se inclina, à maneira da planta à procura do sol, de vez que, somente irradiando a luz do Amor Infinito, conseguiremos aniquilar e vencer, na Terra, as densas trevas da morte.

Emmanuel

19

FELICIDADE

Sábios existem que asseveram não ser a felicidade deste mundo, mas isso não quer dizer que a felicidade não seja do homem.

E sabendo nós outros que há diversos tipos de contentamento na Terra, não podemos ignorar que há um júbilo cristão, do qual não nos será lícito esquecer em tempo algum.

A alegria da mente ignorante que se mergulhou nos despenhadeiros do crime, reside na execução do mal, ao passo que a satisfação do homem esclarecido jaz no dever bem desempenhado, no coração enobrecido e na reta consciência.

Não olvidemos que, se o Reino do Senhor ainda não é deste mundo, nossa alma pode, desde agora, ingressar nesse Divino Reino e aí encontrar a ventura sem mácula do amor vitorioso sob a inspiração do Celeste Amigo.

A felicidade do discípulo de Jesus brilha em toda parte, induzindo-nos à Bênção Maior.

É a bênção de auxiliar.

A construção da simpatia fraterna.

A oportunidade de sofrer pela própria santificação.

O ensejo de aprender para progredir na Eternidade.

A riqueza do trabalho.

A alegria de servir, não só com o dinheiro farto ou com a autoridade respeitável da Terra, mas também com o sorriso de entendimento, com o pão da boa vontade ou com o agasalho ao doente e à criança.

Tibério era infeliz e desventurado no Palácio de Capri quando o Divino Mestre era ferido e glorificado na cruz em Jerusalém.

A felicidade, portanto, se ainda não é deste mundo, já pode residir no espírito que realmente a procura na alegria de dar de si mesmo, de sacrificar-se pelo bem comum e de auxiliar a todos, como Jesus que soube, amando e servindo, subir do madeiro sanguinolento aos esplendores da Eterna Ressurreição.

Emmanuel

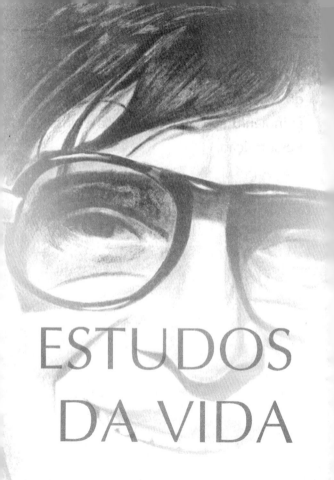

20

ESTUDOS DA VIDA

Fracasso não intimida
Quem serve, persiste e avança,
Só há derrota na vida
Para quem perde a esperança.

Jovino Guedes

Fé por ser fé não escapa
Da prova por sentinela,
Na fé temos nós a capa,
A fim de passar por ela.

Álvaro Martins

Deus nos coloca em trabalho,
Cada qual num compromisso,
Se sei meu dever, e falho,
Deus não responde por isso.

Sabino Batista

Acumula a fé contigo,
Ante as provas que virão...
O momento de perigo
Não é de preparação.

José Carvalho

Perguntei onde morava
À bela Dona Alegria,
Ela disse: – Onde o trabalho
É a bênção de cada dia.

Ulisses Bezerra

Lição que não se desdiz
E brilha em qualquer local:
– Ninguém pode ser feliz
De pensamento no mal.

José Carlos Júnior

Aflições em derredor?
Atende ao próprio dever.
Deus manda sempre o melhor
Que se possa receber.

José Nava

Quem diz que amor deve ser
Desinibido e selvagem
Não viu a força do rio
Se contido na barragem.

Rodolfo Teófilo

Espírito que se ajuda,
Espalhando o bem e a paz,
Entende pelo que estuda
E vale pelo que faz.

Antonio Bezerra

Na multidão desvairada
Em plena selvageria,
Uma pessoa com Deus
Representa maioria.

Lopes Filho

21

NA ROMAGEM DO MUNDO

Na romagem do mundo, não te algemes à ilusão.

Tudo na vida se renova.

A erva de hoje, amanhã será tronco robusto.

A água da fonte humilde que te afaga os pés agora, confundida depois no rio imenso, é suscetível de afogar-te.

A lâmina que afias é capaz de ferir-te.

O perigo que não corriges te ameaça o caminho.

O companheiro que hoje concorda contigo, em certos aspectos da luta humana, provavelmente, mais tarde, será opositor dos teus pontos de vista, noutros ângulos da jornada terrestre.

A juventude se dirige para a madureza.

O vinho, em muitas circunstâncias, converte-se em vinagre.

A flor sublime, por vezes, faz-se o ninho de vermes destruidores.

Certamente, ninguém conseguirá viver em alegria, entre o pessimismo e a indecisão.

A confiança é filha da fé. Mas nossa fé precisa respirar sempre mais alto, no clima de valores imutáveis do espírito.

Faze do Bem o tema central da própria vida.

Nem desespero, nem violência.

Auxilia e passa adiante, plantando a fraternidade que ilumina e consola. E, sem prender os outros nas teias da própria dominação, a fim de que os outros não te prendam, nos círculos acanhados do egoísmo que lhes é próprio, seguirás para a frente, ao encontro do Amor Divino, em cuja grandeza brilha a Luz da Felicidade Imortal.

Meimei

DISCIPLINA DA CARIDADE

22

DISCIPLINA DA CARIDADE

Milhões de pessoas se dedicam, na Terra, aos exercícios de aperfeiçoamento individual, em regime de solidão.

Internam-se em celas, rochas, covas e pousos agrestes; deitam-se sobre espinhos, maceram o próprio corpo, adotam posturas de autoflagelação ou abraçam dietas de fome, procurando realizar a união com Deus, através de austeridades ascéticas.

Efetivamente, todos esses sistemas de autoeducação se erigem por estradas respeitáveis, cujo mérito não nos seria lícito sonegar.

Entretanto, com Jesus, podemos esposar onde estivermos a disciplina da cruz, melhorando a nós próprios e amparando os outros.

Não teremos de enfrentar o jejum de sacrifício, mas seremos naturalmente chamados a severas restrições da alma, com a renúncia ao apoio e ao afeto de seres queridos que nos reclamam abnegação e carinho para entenderem a vida com segurança.

Não estaremos compelidos à reclusão nos ermos, no entanto, em muitos lances da existência, sofreremos ostracismo no próprio lar, exemplificando tolerância e devotamento.

Não tentaremos repousar sobre pregos e espinhos, entretanto, carregaremos na alma, bastas vezes, incompreensões e provas convertidas em estiletes invisíveis de angústia; e não nos veremos induzidos a exercícios que demandem tormentos corpóreos, mas, em muitos episódios do dia a dia, reconhecer-nos-emos constrangidos ao esforço constante nas obras do Bem, frequentemente, diante daqueles mesmos que nos agridem os melhores propósitos de elevação.

Se aspiras a encontrar libertação e aperfeiçoamento, abraça a cruz de provas que a existência no mundo te oferece e, seguindo as rotas do Cristo, na disciplina da caridade, jornadearás sempre em caminho certo, porque o amor estará sempre contigo por fonte de vida e luz a brilhar.

Emmanuel

23

NA PROVA DE FÉ

– "Irmãos, guardai a fé por luz divina!..."
– Pregava Nhô Tatão em Terra Branca–
"Temos na fé a lúcida alavanca
Que nos garante a força da Doutrina!...

É pela fé que o mundo nos ensina
A viver na verdade doce e franca!..."
Nisso, a chuva horrorosa se destranca
E cai da noite, estranha e repetida...

O teto oscila... O medo a tudo invade...
Nhô Tatão silencia... É a tempestade...
O povo reza à luz de vela acesa!...

Quase findo o aguaceiro inesperado,
O povo busca o pregador, ao lado,
E vê Tatão tremendo sob a mesa...

Cornélio Pires

Conheça mais sobre
a Doutrina Espírita
através das obras de
Allan Kardec

www.ideeditora.com.br

ideeditora.com.br

Acesse e cadastre-se para receber
informações sobre nossos lançamentos.

twitter.com/ideeditora
facebook.com/ide.editora
editorial@ideeditora.com.br

IDE Editora é apenas um nome fantasia utilizado pelo INSTITUTO DE DIFUSÃO ESPÍRITA, entidade sem fins lucrativos, que promove extenso programa de assistência social, e que detém os direitos autorais desta obra.